Leserabe
1. Lesestufe

Katja Reider

Hexengeschichten

Mit Bildern von Sabine Kraushaar

Ravensburger Buchverlag

Bibliografische Information Der Deutschen Bibliothek:

Die Deutsche Bibliothek verzeichnet diese Publikation
in der Deutschen Nationalbibliografie.
Detaillierte bibliografische Daten sind im Internet
über **http://dnb.ddb.de** abrufbar.

**Die Schreibweise entspricht den Regeln
der neuen Rechtschreibung.**

3 2 1 05 06 07

Ravensburger Leserabe

Umschlagillustration: Sabine Kraushaar
Umschlagkonzeption: Sabine Reddig
Redaktion: Sabine Schuler

Printed in Germany
ISBN 3-473-36059-7

www.ravensburger.de
www.leserabe.de

Inhalt

Holunda Hexen-Tochter

Holunda ist ein Mädchen
wie alle anderen.

Sie spielt gern Verstecken.
Sie mag kleine Katzen,
Gummibärchen und ihre Freundinnen.

Es gibt nur einen Unterschied:
Holundas Mama ist eine Hexe!
Aber – pst! – das darf keiner wissen.

Holunda mag Mamas Beruf nicht.
„Warum arbeitest du nicht in einem Büro
wie andere Mamas?“,
fragt sie manchmal.

Dann zaubert Mama schnell
einen Vanillepudding für Holunda.
Zum Trost.
Aber das hilft auch nicht immer.

Heute bringt Holunda ihre Freundin Jule mit nach Hause.

Oje, da liegen ja noch Mamas Zauberstab und das große Hexenbuch!
Schnell weg damit!

Die Küchentür ist geschlossen.
Dahinter hext Mama das Mittagessen.

Warum kann sie nicht mal kochen
wie andere Mütter?, denkt Holunda.

Da kommt Mama schon mit dem Essen.
„Lecker!“, ruft Jule. „Es gibt Hähnchen!“
Schon beißt Holunda in eine Keule.

Aber, oje, Holunda erwischt
einen Knochen.
Er bleibt ihr im Hals stecken!

Holunda hustet und hustet,
ihr Gesicht läuft rot an.

Mama klopft auf Holundas Rücken.
Aber das hilft nicht!
Was nun?

Da greift Mama nach ihrem Zauberstab:
„Hokuspokus eins zwei drei,
Holundas Hals sei potzblitz frei.“

Und tatsächlich:
Holunda bekommt wieder Luft!
Zum Glück …

„Manchmal ist es doch gut,
dass ich eine Hexe bin, oder?“,
meint Mama später und lächelt.

Da nickt Holunda und gibt Mama
einen ganz dicken Kuss.

Das Wetthexen

Die kleine Hexe Jorinde freut sich.
Heute treffen sich alle Hexen des Waldes
in ihrem Häuschen.
Und dann wird um die Wette gehext.

Nur Racker, Jorindes kleiner Hund,
muss draußen bleiben.

Die Ober-Hexe mag nämlich keine Hunde.
Dabei ist Racker sooo lieb!

Im Haus beginnt das Wetthexen.
Die Kräuter-Hexe hebt ihren Zauberstab
als Erste:
„Hokuspokus Schnecken-Schleim,
der Tisch soll aus Lakritze sein!“

„Nicht übel“, sagt die Zucker-Hexe.
„Aber ich kann es besser:
Hokuspokus Schlangen-Ei,
das Zimmer sei voll Schoko-Brei!“

„Nicht übel“, sagt die Wetter-Hexe.
„Aber ich kann es besser:
Hokuspokus Mäusewein,
im Wandschrank soll ein Donner sein!“

„Nicht übel“, sagt die Ober-Hexe.
„Aber ich kann es am besten:
Hokuspokus Rattendreck,
die Zauberstäbe hex ich weg!“

„NEIN!“, rufen die Hexen erschrocken.
Zu spät.
Alle Zauberstäbe sind verschwunden!

„Es tut mir so Leid“,
jammert die Ober-Hexe.
Aber das nützt jetzt auch nichts mehr.

Ohne Zauberstab kann keine Hexe hexen.
Was nun?

Da kratzt Racker an der Tür.
Nanu, was trägt er denn im Maul?

Jorinde jubelt: „Mein Zauberstab!
Racker hat ihn nach draußen geschleppt.
Deswegen wurde er nicht weggehext.“

Schnell hext Jorinde
die anderen Zauberstäbe wieder herbei.

„Und wer hat das Wetthexen
gewonnen?“, fragt die Kräuter-Hexe.
Na, wer wohl? – Racker!

Ein ganz besonderer Besen

Mein Besen hat ja kaum noch Borsten,
denkt die Hexe Lametta.
Ich brauche dringend einen neuen.
Auf ins Kaufhaus Kringel!

„Unsere Besen sind leider ausverkauft!“,
sagt die Verkäuferin.
„Darf es auch ein Mopp sein?“

Lametta schüttelt empört den Kopf.
Auf einem Mopp kann man
doch nicht fliegen!

Die Verkäuferin überlegt.
„Einen letzten Besen hätten wir noch.

Aber er ist etwas krumm."
„Egal, ich nehme ihn!",
entscheidet Lametta.

Hexe Lametta fliegt gleich los.
Hui, ist der neue Besen schnell!

Aber wieso fliegt er denn nach links?
Sie steuert doch nach rechts!

Lametta seufzt.
Das hat man nun davon,
wenn man Ramsch-Ware kauft!

Wo will der Besen nur mit ihr hin?
Oh nein, jetzt schießt er ja direkt
auf den Baum dort zu!

Lametta schreit auf.
Und dann sieht sie den Jungen,
der oben in der Baumkrone hockt.

„Ich bin hier raufgeklettert
und traue mich nicht wieder runter!“,
wimmert er.

„Keine Angst, das haben wir gleich“,
tröstet ihn die Hexe Lametta.

Vorsichtig hebt sie den Kleinen
auf ihren Besen.
Dann schweben beide sanft zu Boden.

Der Junge schaut Lametta verwirrt an.
„Ist das ein Zauberbesen?“, fragt er.

„Oh ja“, lächelt die kleine Hexe.
„Der beste, den ich je hatte …!“

Das Müllauto

Die Hexe Lu fliegt ihre Sonntagsrunde.

Nanu, was liegt denn da unten herum?

Flaschen, Dosen und Papier.

Das ist ja alles Müll!

Lu rümpft verärgert die Nase.
Da haben Leute ein Picknick gemacht
und ihre Abfälle einfach liegen lassen.
Na, wartet!, denkt Lu.

Am nächsten Sonntag legt sich Lu auf die Lauer.
Tatsächlich: Da kommt eine Familie mit einem großen Picknick-Korb!

Der Vater breitet eine Decke aus.
Alle setzen sich.
Und dann wird eifrig geschmaust.

Brotrinden, Schoko-Papier
und leere Dosen fliegen
achtlos auf den Waldboden.

Die kleine Hexe Lu kocht vor Zorn!
Aber dann hat sie eine Idee.
Sie murmelt einen Zauberspruch
und wartet …

Endlich kehren die vier
zu ihrem Auto zurück.
Der Vater stutzt,
dann schreit er plötzlich:
„Was ist denn hier passiert?
Unser Wagen ist ja voller Müll!“

„Das sind alles unsere Abfälle, Papa!“, ruft seine kleine Tochter.

„Schau, hier ist meine Limo-Dose und Andis Schoko-Papier und Mamas Zeitung und …“

„Lara hat Recht!“,
sagt die Mutter leise.
Sie holt eine Tüte aus dem Kofferraum
und stopft die Abfälle schnell hinein.

Der Vater blickt sich ängstlich um.
„Aber w-w-wie ist der M-m-müll
in u-u-unser Auto gekommen?“

Da lacht die Hexe Lu
und reitet auf ihrem Besenstiel davon.
So schnell werden diese vier wohl
keinen Müll mehr in den Wald werfen!

Katja Reider wurde 1960 geboren. Nach ihrem Studium arbeitete sie mehrere Jahre als Pressesprecherin eines großen Jugendwettbewerbs. Seit der Geburt ihrer beiden Kinder purzeln ihr ständig Geschichten aus dem Ärmel, die sie nur einzusammeln braucht ... So hat sie inzwischen zahlreiche Kinder- und Jugendbücher veröffentlicht, die in viele Sprachen übersetzt wurden. Katja Reider lebt mit ihrer Familie in Hamburg.

Sabine Kraushaar wurde 1972 geboren. Seitdem sie ihren ersten Bleistift festhalten konnte, hat sie mit großer Begeisterung gezeichnet. Sehr früh schon wusste sie, dass sie später unbedingt Kinderbücher illustrieren wollte. Sie studierte an der Kunstakademie in Maastricht, Niederlande, und konnte danach ihren Berufswunsch erfüllen: Seither hat sie eine Menge Bilder für zahlreiche schöne Kinderbücher und auch für Spiele gemalt. Viele Ideen bekommt sie durch ihren Sohn Jesper. Sabine Kraushaar wohnt mit ihrer Familie in Maastricht.

Leserätsel

mit dem Leseraben

Super, du hast das ganze Buch geschafft! Hast du die Geschichten ganz genau gelesen? Der Leserabe hat sich ein paar spannende Rätsel für echte Lese-Detektive ausgedacht. Mal sehen, ob du die Fragen beantworten kannst. Wenn nicht, lies einfach noch mal auf den Seiten nach. Wenn du die richtigen Antwortbuchstaben in die Kästchen auf Seite 42 eingesetzt hast, bekommst du das Lösungswort.

Fragen zu den Geschichten

1. Was ist Holundas Mutter von Beruf? (Seite 5)

A: Sie arbeitet in einem Büro.

B : Sie ist eine Hexe.

2. Warum gewinnt Racker das Wetthexen bei der kleinen Hexe Jorinde? (Seite 22/23)

E: Er bringt Jorindes Zauberstab zurück und Jorinde kann damit die anderen Zauberstäbe wieder herbeihexen.

K: Er hat die Ober-Hexe weggehext.

3. Warum schießt Lamettas neuer Besen direkt auf einen Baum zu? (Seite 26–28)

L: Er ist etwas krumm und lässt sich nicht lenken.

S: Im Baum sitzt ein Junge, der Hilfe braucht.

4. Was passiert mit dem Müll, den die Familie im Wald liegen gelassen hat? (Seite 35/36)

N: Hexe Lu hext den Müll in das Auto der Familie.

U: Die beiden Kinder der Familie sammeln den Müll auf.

Lösungswort:

1	2	3	E	4

Rabenpost

Super, alles richtig gemacht! Jetzt wird es Zeit für die RABENPOST.
Schicke dem LESERABEN einfach eine Karte mit dem richtigen Lösungswort. Oder schreib eine E-Mail. Wir verlosen jeden Monat 10 Buchpakete unter den Einsendern!

An den LESERABEN
RABENPOST
Postfach 20 07
88 190 Ravensburg
Deutschland

leserabe@ravensburger.de
Besuch mich doch auf meiner Webseite:
www.leserabe.de

Leserabe

1. Lesestufe für Leseanfänger ab der 1. Klasse

ISBN 3-473-36038-4

ISBN 3-473-36036-8

ISBN 3-473-36014-7

ISBN 3-473-36037-6

2. Lesestufe für Erstleser ab der 2. Klasse

ISBN 3-473-36043-0

ISBN 3-473-36041-4

ISBN 3-473-36039-2

ISBN 3-473-36021-X

3. Lesestufe für Leseprofis ab der 3. Klasse

ISBN 3-473-36054-6

ISBN 3-473-36051-1

ISBN 3-473-36024-4

ISBN 3-473-36052-X

Gute Idee.

Ravensburger